Markus Groß

Betriebssysteme - Der Verzeichnisdienst LDAP

GRIN Verlag

Bibliografische Information der Deutschen Nationalbibliothek:

Die Deutsche Bibliothek verzeichnet diese Publikation in der Deutschen National-
bibliografie; detaillierte bibliografische Daten sind im Internet über http://dnb.d-
nb.de/ abrufbar.

Impressum:

Copyright © 2009 GRIN Verlag GmbH
Druck und Bindung: Books on Demand GmbH, Norderstedt Germany
ISBN: 978-3-640-82076-4

Dieses Buch bei GRIN:

http://www.grin.com/de/e-book/165959/betriebssysteme-der-verzeichnisdienst-ldap

Inhaltsverzeichnis

Abkürzungsverzeichnis

1 Einführung

Der Besitz und die Verwaltung von geschäftsrelevanten Informationen sind eine der zentralen Ressourcen jeder modernen Unternehmung. Vielfach werden die Informationen heutzutage in verschiedenen Systemen und propritären Insellösungen gespeichert.

„Der unternehmerische Erfolg koppelt sich immer mehr und mehr an die Fähigkeit, aktuelle Informationen und Wissen im Unternehmen zeitnah und effektiv zu erfassen und als Informations- bzw. Datenquelle für die unternehmensweite Nutzung bereitzustellen"[1]

Der Trend zur Integration verschiedener Informationssysteme in Netzwerken hat zu einer Veränderung der betrieblichen Geschäftsprozesse geführt. Dezentrale Computersysteme haben sich als Standard-IT-Struktur in vielen Unternehmen durchgesetzt. So könnte beispielsweise die zentrale Speicherung von Zugriffsrechten das Mehrfachanmelden an unterschiedlichen Applikationen ersetzen. Eine Lösung für solche Fragestellungen sind zentrale Verzeichnisdienste, auf die von unterschiedlichsten Systemen zugegriffen werden kann. Das an der Universität Mischigan entwickelte Lightweight Directory Access Protocol (LDAP)übernimmt in der Gruppe dieser Verzeichnisdienste eine Schlüsselrolle in der IT.

In einem Verzeichnisdienst werden Informationen über unterschiedliche Ressourcen wie Personen oder Hardware gespeichert. Daneben erlauben Verzeichnisdienst die Zugriffssteuerung und den Passwortschutz von Anwendungen.

LDAP ist ein de facto Standard, mit dem einheitlich auf Verzeichnisdienste und die in ihnen gespeicherten Informationen zugegriffen werden kann. Diese Hausarbeit stellt die grundlegende Entwicklung von LDAP und die zugrundeliegenden Konzepte und Protokolle dar, die am Beispiel einer konkreten Implementierung in der Praxis verdeutlicht werden soll.

---

[1]vgl. Reinwarth/Schmidt (1999), S. 15

2 Grundlagen

2.1 Begriffe

Zunächst sollen einige grundlegenden Begriffe zum Verständnis von Verzeichnissen, Verzeichnisdiensten und Protokollen definiert werden, da diese in der Literatur teilweise synonym verwendet werden:[2]

- Als Verzeichnis bezeichnet man eine strukturierte Auflistung von Informationen über Objekte mit dem Ziel, detailliertere Informationen zur Verfügung zu stellen. Ein elektronisches Verzeichnis speichert die Informationen in Dateien oder Datenbanken.[3]

- Als Verzeichnisdienst bezeichnet man die Kombination aus einem Verzeichnis und einem Bereitstellungs- bzw. Verwaltungsdienst. Dieser Dienst stellt die Informationen komfortabel zur Verfügung und ermöglicht es, Aktionen im Verzeichnis vorzunehmen oder Sicherheitsregeln für die Informationen zu definieren.[4]

- Ein Protokoll ist eine Kommunikationsvereinbarung, die zur Ablaufsteuerung einer Datenübertragung dient. Generell enthalten Protokolle Absprachen über den Aufbau, die Überwachung (einschließlich Fehlermeldungen) und den Abbau von Verbindungen.[5]

2.2 X.500

Bei X.500 handelt es sich um eine Empfehlung für einen Verzeichnisdienst von der International Telecommunication Union (ITU) im Rahmen der X-Serie. Die Empfehlung erschien erstmals im Jahr 1988on der CCITT als internationaler Standard.Da die logische Struktur des X.500 Protokolls der LDAP Struktur, die später erläutert wird, entspricht, soll hier nur auf das funktionale Modell eingegangen werden.[6]

---

[2]vgl. Traeger/Volk (2002), S.585
[3]vgl. Stahlknecht/Hasenkamp (2005), S. 173
[4]vgl. Hansen/Neumann (2005), S. 175
[5]vgl. Frisch (2003), S. 338
[6]vgl. Traeger/Volk (2002), S. 240

Der Server-Teil des X.500 Protokolls wird als Directory System Agent (DSA) bezeichnet. In den DSAs wird die gesamte Datenbasis des Verzeichnisdienstes abgelegt. Die Clientkomponente wird als Directory User Agent (DUA) bezeichnet. Der DUA ist die Schnittstelle zwischen Benutzer und dem Verzeichnis. Den Kern des X.500 Standards bilden drei Protokolle, die sowohl die Kommunikation zwischen DUA und DSA festlegen, als auch die Kommunikation zwischenden einzelnen DSAs. Diese drei Protokolle sind:[7]

- Das Directory Access Protocol (DAP) ist das Zugriffsprotokoll, das die Art und Weise festlegt, in der Clients mit Servern kommunizieren.

- Das Directory System Protocol (DSP) steuert die Kommunikation zwischen den einzelnen Directory Servern.

- Das Directory Information Shadowing Protocol (DISP) wird verwendet um Daten zu replizieren.

Ein X.500 basierter Verzeichnisdienst speichert Daten redundant in mehreren DSAs. Dies wird als Replikation bezeichnet. Der Hauptgrund hierfür ist die Möglichkeit mit dem X.500 Protokoll globale Verzeichnisdienste zu bilden. Die X.500 Übertragungsprotokolle basieren auf dem komplexen OSI Standard. Der hohe Implementierungsaufwand und der schwierige Zugriff auf die Verzeichnisse trugen zusätzlich dazu bei, dass X.500 wegen der hohen technischen Anforderungen alleine nicht sehr erfolgreich war.[8]

2.3 LDAP bis zur Version 3

Der Verzeichnisdienst LDAP liegt aktuell in der dritten Versionsnummer vor. Da bei der ersten und zweiten Version aus Anwendersicht keine Unterschiede auszumachen sind, soll hier nur auf die Versionen LDAPv2 und LDAPv3 näher eingegangen werden. Die Dokumentation von LDAP erfolgt durch RFCs (Request for Comments), die von der IETF (Internet Engeneering Task Force) entwickelt wurden.[9]

Ziel der ersten LDAP Version war es nur, den Zugriff auf einen X.500 DSA zu ermöglichen. Es wurden LDAP Server entwickelt, die Anfragen von Clients entgegennehmen, in DAP-Anfragen umsetzen und an den X.500 Server weiterleiten. Die gesamte Entwicklung des LDAP Protokolls wurde geprägt durch die Arbeiten der Universität von Michigan.[10] Ein Ziel dieser Forscher war es, LDAP Stand Alone

---

[7]vgl. Meinel/Sack (2003), S. 579
[8]vgl. Traeger/Volk (2002), S. 244
[9]vgl. Traeger/Volk (2002), S. 179
[10]vgl. Frisch (2003), S. 345

Server zu realisieren. Es sollte erreicht werden, dass die Daten nicht mehr in X.500 Servern, sondern direkt in LDAP Servern gespeichert werden. Die Lücken im Sicherheitskonzept, magelnde Unterstützung von Referrals, geringe Erweiterbarkeit und die nicht vorhanden Unterstützungun von internationalen Zeichen verhinderte dies bis zur LDAP Version 2.[11]

Diese Beschränkungen führten dann zur Spezifikation von LDAP v3. Mit dieser Version ist es möglich, mit Referrals von einem LDAP Server auf andere LDAP Server zu verweisen. Außerdem werden nun SASL Sicherheitsmechanismen, internationale Zeichen und Servererweiterungen unterstützt. Ferner wurde ein LDAP-URL Format definiert, wodurch mit einem normalen Webbrowser auf die Verzeichnisse zugegriffen werden kann.[12]

---

[11]vgl. Frisch (2003), S. 350
[12]vgl. Traeger/Volk (2002), S. 198

3 LDAP Protokoll

3.1 Das LDAP Basiskonzept

LDAP definiert den Inhalt von Nachrichten, die zwischen dem LDAP Client und dem LDAP Server ausgetauscht werden. Die Nachrichten, die übermittelt werden, spezifizieren die Operationen, die der Client vornehmen möchte, außerdem wird die Antwort des Servers übermittelt. Die Nachrichtenübermittlung erfolgt über das TCP/IP-Protokoll.[13]

Verzeichnisse werden bei LDAP in einem logische Modell organisiert. Von Bedeutung ist hierbei die Verwaltung des Namensraums und des Sicherheitskonzeptes. Im Folgenden wird die grundsätzliche Interaktion zwischen LDAP Client und Server dargestellt:[14]

1. Der Client öffnet die Session mit einem LDAP Server, was als binding bezeichnet wird. Wenn die Verbindung hergestellt ist, authentifiziert sich der Client beim Server. .

2. Danach gibt der Client die Operationen an, die er vornehmen will. LDAP stellt ihm dabei Lese- und Änderungsoperationen zur Verfügung.

3. Als letzten Punkt muss der Client, nachdem er alle Anfragen erledigt hat, die Session beenden, was als unbinding bezeichnet wird.

Damit Applikationen leichter mit LDAP Servern kommunizieren können, wurde eine API (Application Program Interface) entwickelt. Das API ist somit eine Erweiterung der LDAP Architektur, mit der ein Verzeichniszugriff für Applikationen effizient herzustellen ist.

Die Datenspeicherung unter LDAP erfolgt in Form von Objekten (z.B. Person, Netzwerkkomponenten). Jeder Eintrag hat einen Namen, der als Distinguished Name (DN) bezeichnet wird und das Objekt eindeutig bestimmt. Der DN setzt sich aus Teilen zusammen, die als Relative Distinguished Names (RDNs) bezeichnet werden. Diese Einträge können in einer hierarchischen Baumstruktur gespeichert werden.

---

[13]vgl. Banning (2001), S. 11
[14]vgl. Traeger/Volk (2002), S. 242

Dieser Baum wird als Directory Information Tree (DIT) bezeichnet. Die Struktur der Einträge ist objektorientiert. LDAP basiert grundsätzlich auf vier Modellen, die im Folgenden näher beschrieben werden.[15]

3.2 Das Informationsmodell

Das Informationsmodell (information model) beschreibt die Struktur der Informationen, die in einem LDAP Verzeichnis gespeichert werden. Die Syntax der oben erwähnten Attribute werden im Typ (Type) des Attributes gespeichert. Außerdem ist es möglich zu einem Attribut mehrere Ausprägungen (values) zu speichern. Diese Möglichkeit wird auch als multiple value bezeichnet. Zusätzlich wird in der Syntax festgelegt, wie sich Ausprägungen während Operationen (z.b. Suchen von Einträgen) verhalten. Dies soll am folgenden Beispiel verdeutlicht werden:[16]

Es wird nach der Telefonnummer 0190-5551234 einer Person gesucht, diese wurde jedoch als 0190/5551234 gespeichert. Diese Nummern wären somit ungleich, es würde also kein Eintrag gefunden. Die Syntax legt jetzt aber fest, dass nur die Zahlenreihen verglichen werden. Beide Nummern würden folglich als 01905551234 interpretiert und der Eintrag würde gefunden.[17]

Eine besondere Bedeutung haben hierbei die Schemata. Sie beschreiben, in welcher Weise Objekte in Verbindung zueinander stehen (Ober- und Unterklasse) und an welcher Stelle in der DIT- Hierarchie sie auftauchen. Außerdem bestimmen sie, ob Attribute Werte enthalten müssen oder ob sie leer bleiben können.[18]

3.3 Das Namensmodell

Das Namensmodell (naming model) definiert, wie Einträge im DIT identifiziert und organisiert werden. Dadurch, dass jeder Eintrag einen eindeutigen Schlüssel in Form des DNs hat, kann er aus dem DIT identifiziert werden. Die Stelle, an der sich der Eintrag im DIT befindet wird durch die RDNs definiert, die den DN bilden. Jeder RDN bestimmt hierbei einen bestimmten Bereich im DIT.[19]

Ausgehend vom Directory Root wird die Verzeichnisstruktur in unterschiedliche Bereiche aufgeteilt. Dieses Beispiel zeigt eine Struktur, die zuerst nach Ländern,

---

[15]vgl. Banning (2001), S. 13
[16]vgl. Traeger/Volk (2002), S. 177
[17]vgl. Frisch (2003), S. 339
[18]vgl. Frisch (2003), S. 343
[19]vgl. Frisch (2003), S. 344

dann nach Organisationen, dann nach Standorten etc. hierarchisch strukturiert ist. In der untersten Ebene befinden sich die Einträge, wie Personen oder Drucker, die für den Benutzer von Interesse sind. Hierbei wird auch deutlich wie sich ein Eintrag aus seinen RDNs zusammensetzen muss, um an der richtigen Stelle im DIT gespeichert zu werden. Der DN von Prof X aus obigem Beispiel muss sich aus den RDNs cn=Prof X, o=FDHW, c=DE zusammensetzen.[20]

Der DIT wird zwar als Baumstruktur bezeichnet, da aber mit Alias-Verweisen gearbeitet wird, siehe obiges Beispiel, ist diese Umschreibung nicht korrekt. Um Datenredundanz zu vermeiden, wenn Einträge zu mehreren Obergruppen (z.b. eine Person kann für mehrere Firmen arbeiten) gehören, sind Alias-Verweise wichtig. Eine Mehrfachspeicherung von Daten kann schnell zu Inkonsistenzen führen.[21]

3.4 Das Funktionsmodell

Das Funktionenmodell (functional model) definiert die Operationen, mit denen man auf Einträge zugreifen oder diese verändern kann. Diese Operationen sind in drei Kategorien unterteilt:[22]

- Query: Beinhaltet die Operationen search und compare, mit denen man Informationen aus dem Verzeichnis erhalten kann;

- Update: Beinhaltet die Operationen add, delete, modify, mit denen man Einträge im Verzeichnis verändern kann;

- Authentication: Beinhaltet die Operationen bind, unbind und abandon, mit denen man eine Verbindung zu einem LDAP Server erstellen oder beenden kann. Hierbei besteht die Möglichkeit Zugriffsrechte zu vergeben.

Die Suchfunktion search ist die am häufigsten verwandte Operation. Sie durchsucht spezielle Teile des DIT, wobei vom Benutzer vorgegebene Kriterien berücksichtigt werden. Diese Suchabfragen reichen von sehr allgemeinen Formulierungen (z.B. suche alle Mitarbeiter der „FHDW"), wodurch sehr viele Abfrageergebnisse erzeugt werden, bis zu Suchabfragen, die sehr speziell sind (z.B. suche die E-Mailadresse von „Prof. X", der bei der „FHDW" forscht).[23] Diese liefern nur wenige Ergebnisse. Bei allgemeinen Suchabfragen ist es sinnvoll, ein Limit für die Suchergebnisse anzugeben, damit die Abfrage nicht zu groß wird bzw. zu viel Zeit in Anspruch nimmt.[24]

---

[20]vgl. Traeger/Volk (2002), S. 179
[21]vgl. Traeger/Volk (2002), S. 184
[22]vgl. Banning (2001), S. 91
[23]vgl. Traeger/Volk (2002), S. 320
[24]vgl. Banning (2001), S. 102

3.5 Das Sicherheitsmodell

Das Sicherheitsmodell (security model) befasst sich mit dem Schutz der Daten in der Verzeichnisstruktur vor unautorisierten Zugriffen. Da insbesondere bei Verzeichnisdiensten viele Personen auf die Daten zugreifen können, muss eine solche Sicherheit gewährleistet werden. Das Problem lässt sich in vier Aspekte unterteilen:[25]

1. Authentication (Bestätigung): Es muss sichergestellt sein, dass Sender und Empfänger wirklich die Personen oder Rechner sind, die sie vorgeben zu sein.

2. Integrity (Integrität): Es muss sichergestellt sein, dass die Informationen, die der Empfänger erhält, auch die unveränderten Informationen sind, die der Sender verschickt hat.

3. Confidentiality (Vertraulichkeit): Die Informationen, die versandt werden, dürfen für Außenstehende nicht zu lesen sein (Verschlüsselung der Daten).

4. Autorization (Autorisation): Es muss sichergestellt sein, dass der Nutzer ausschließlich das machen kann, wozu er berechtigt ist. Dafür ist es notwendig, eine Benutzerkennung einzurichten, die den Nutzer mit einer Rechterolle versieht.

Bei der Anmeldung bzw. Erkennung des Nutzers kann es drei unterschiedliche Varianten geben:[26]

1. No Authentication: Der Nutzer bleibt anonym. Er hat somit nur sehr bedingte Rechte, i.d.R. das Lesen allgemeiner Daten, die keinen Schutz benötigen.

2. Basic Authentication: Hierbei muss sich der Nutzer beim LDAP Server über seinen DN anmelden, wobei sein Kennwort überprüft wird. Dieses Kennwort ist relativ simpel verschlüsselt und kann somit leicht entschlüsselt werden.

3. Simple Authentication and Security Layer (SASL): Hierbei handelt es sich um die höchste Sicherheitsstufe. SASL ermöglicht die Verwendung verschiedener Sicherheitsmechanismen (z.B. Chipkartenschlüssel), die die Entschlüsselung nahezu unmöglich machen.

---

[25]vgl. Banning (2001), S. 39
[26]vgl. Banning (2001), S. 102

3.6 Konkrete Umsetzung

Aufgrund der heutigen Anfordungen in Unternehmen können es sich die heute verfügbaren Betribessysteme nicht leisten, auf einen Verzeichnisdienst auf Basis der LDAP Modelle zu verzichten.

Das Active Directory (AD) von Microsoft ist die Implementierung eines flexiblen Verzeichnisdienstes auf Basis der LDAP Modelle, das ab der Version Windows 2000 implementiert ist. Diese hatte das von Microsoft ursprünglich unabhängige Verzeichnisdienst NT Directory Service (NTDS), das den heutigen Ansprüchen nicht mehr genügt, abgelöst.[27] Das AD Schema ist die Definition von allen Klassen die im Active Directory verwendet werden können (classSchema). Die Instanz einer Klasse ist ein Objekt, ein eindeutig benanntes Set von Attributen, das irgendwas konkretes repräsentiert wie ein User, ein Drucker oder eine Applikation. Die Attribute beinhalten die Daten, die das Objekt beschreiben. Ein Attribut, wird durch das attributSchema definiert. Das Active Directory kann erweitert werden, d.h. hinzufügen und verändern von Klassen und Attributen ist möglich.[28]

Durch Replikation werden eine hohe Verfügbarkeit der Informationen, Fehlertoleranz, Loadbalancing und Performance-Vorteile erzielt. Active Directory nutzt Multimaster-Replikation. Dadurch kann das Verzeichnis an jedem beliebigen Domänencontroller aktualisiert werden. Somit wird durch die Multimaster-Replikation auch eine höhere Fehlertoleranz erzielt, da die Replikation auch dann durchgeführt werden kann, wenn ein einzelner Domänencontroller nicht mehr funktioniert.[29] Über das Kerberos Ticket System ist ein Single-Sign-On realisiert worden, wodurch sich Benutzer durch eine einmalige erfolgreiche Anmeldung an allen berechtigten Anwendungen identifizieren können.[30]

Seit der Version Windows Server 2008 wird der Verzeichnisdienst als Active Directory Domain Services (ADDS) bezeichnet. Insbesondere der Schutz von Ressourcen durch kryptografische Methoden gegen unbefugten Zugriff und Einsicht und die Bereitstellung einer Public-Key-Infrastruktur sind elementare Neuerungen der aktuellen Version.

---

[27]vgl. Knecht-Thurmann (2003), S. 44
[28]vgl. Allen/Lowe-Norris (2004), S. 42
[29]vgl. Knecht-Thurmann (2003), S.79
[30]vgl. Allen/Lowe-Norris (2004), S. 67

4 Zusammenfassung

Der aus dem ISO X.500 abgeleitete de facto Standard wird Light Directory Access Protocol (LDAP)genannt. Dieser an der Univerität Mischigan entwicklete Standard liegt heute in der Versiosnummer drei vor. Verzeichnisdienste werden heute als Basis der IT-Struktur angesehen. Es handelt sich hierbei um einen objektorientierten Ansatz, Informationen über Organisationen in einer Form vorzuhalten, die es erlaubt diese Informationen kontrolliert über Netzwerke verfügbar zu machen. Nicht der Verzeichnisdienst selbst ist standardisiert, sondern die Zugriffsmethoden über die Datenkommunikationsnetze.

Über die vier Modelle (Informationsmodell, Namensmodell, Funktionsmodell und Sicherheitsmodell) wird die Verwaltung von Informationen und der Zugriff hierauf geregelt. Das Informationenmodell regelt wie und welche Informationen gespeichert werden, im Namensmodell ist hinterlegt wie konkret auf diese Informationen zugegriffen werden kann. Die Methoden die Funktion wie die Suche im Verzeichnis oder die Änderung an Einträgen steuert ist das Funktionenmodell. Der Sicherheitsaspekt und Schutz vor unerlaubten Zugriffen auf das Verzeichnnis wir über das Sicherheitsmodell realisiert. Dieses Modell bietet erst ab der LDAP Version drei einen sichern und verschlüssekten Zugriff auf Informationen.

Das Active Directory (AD) ist eine konkrete Implementierung von Microsoft auf Basis der LDAP Modelle das seit 1999 ab der Windows Version 2000 das NT Directory Service ablöst. Im AD werden neben Netzwerkresourcen (z.B. Serverinformationen und Drucker) auch Personeninformationen (z.B. E-Mail Adressen und Telefonnummern, sowie digitale Zertifikate und Gruppenrichtlinien) gespeichert.

Inzwischen gibt es verschiedene Anfordeungen in Form von Requests for Comment (RFC) für eine LDAP Version vier. Die Besterbungen gehen jedoch erst einmal auf eine ISO Zertifizierung der Version drei aus. Zumal der „lightweigt" Aspekt bei einer permanenten Erweiterung des Funktionsumfanges in Frage gestellt wird.

Literaturverzeichnis

[1] Allen, Robbie/ Lowe-Norris, Alistair G (2004): Active Directory Windows 2000& Windows Server 2003, 2 Aufl., Köln: O'Reilly Germany

[2] Banning, Jens (2001): LDAP unter Linux, 1 Aufl., München: Pearson Education Verlag Deutschland GmbH

[3] Frisch, Aeleen (2003): Unix System Administration, 2 Aufl., Köln: O'Reilly Germany

[4] Hansen, Hans Robert/ Neumann, Gustav (2005): Wirtschaftsinformatik 1 Grundlagen und Anwendungen, 9 Aufl., München: Lucius + Lucius Verlagsgesellschaft mbH

[5] Knecht-Thurmann, Stephanie (2003): Active Directory: Planung und praktischer Einsatz unter Windows 2000 und Windows 2003 Server, 1 Aufl., München: Pearson Education Verlag Deutschland GmbH

[6] Meine, Christoph/ Sack, Harald (2003): WWW: Kommunikation, Internetworking, Web-technologien, 2 Aufl., Berlin: Springer Verlag GmbH

[7] Niedermair, Elke Michael (2006): LaTeX- Das Praxisbuch, 3 Aufl., Poing: Franzis Verlag GmbH

[8] Stahlknecht, Peter/ Hasenkamp, Ulrich (2005): Wirtschaftsinformatik, 11 Aufl., Berlin: Springer Verlag GmbH

[9] Traeger, Dirk H./ Volk, Andreas (2002): LAN: Praxis lokaler Netze, 4 Aufl., München: Vieweg+Teubner Verlag